美育实践丛书

美育实践活动手册

第五册

深圳市龙华区民治中学教育集团　编

暨南大学出版社
JINAN UNIVERSITY PRESS

中国·广州

图书在版编目（CIP）数据

美育实践活动手册. 第五册 / 深圳市龙华区民治中学教育集团编. -- 广州 : 暨南大学出版社，2024. 11.
（美育实践丛书）. -- ISBN 978-7-5668-4062-2

Ⅰ. G624.703

中国国家版本馆 CIP 数据核字第 2024ZA1194 号

美育实践活动手册（第五册）

MEIYU SHIJIAN HUODONG SHOUCE（DI-WU CE）

编　者：深圳市龙华区民治中学教育集团

出 版 人：阳　翼

策　　划：周玉宏　武艳飞

责任编辑：刘　蓓

责任校对：刘舜怡　潘舒凡

责任印制：周一丹　郑玉婷

出版发行：暨南大学出版社（511434）

电　　话：总编室（8620）31105261

　　　　　营销部（8620）37331682　37331689

传　　真：（8620）31105289（办公室）　37331689（营销部）

网　　址：http：//www.jnupress.com

排　　版：广州良弓广告有限公司

印　　刷：广州市金骏彩色印务有限公司

开　　本：787 mm×1092 mm　1/16

印　　张：5.625

字　　数：120 千

版　　次：2024 年 11 月第 1 版

印　　次：2024 年 11 月第 1 次

定　　价：30.00 元

（暨大版图书如有印装质量问题，请与出版社总编室联系调换）

总　序

小小少儿郎，

背起书包上学堂。

花儿笑，

鸟儿唱，

夸我读书忙。

一首简短的儿歌，唤起我们多少美好的回忆，激起我们多少动情的联想。

在绿树成荫、花香四溢的校园里，和老师同学们一起读好书，那是多么幸福的时光。

好书是生活的伴侣，是攀登的阶梯，是前行的灯塔。

读好书，好读书，是人生一种美好的享受。

读书有三条路径，三条路径通向三重境界。

第一条，读纸面的书，读网络的书。

第二条，读社会的大书，读人生的大书。

第三条，用眼、用心、用行动，去审读，去体悟，去品鉴，去实践，去升华，去创造一本精美的人生之书。

这本书，有字无字，有声无声，有形无形，有涯无涯。它奥妙无穷，浩瀚无垠，囊括天地、宇宙、人生、过去、现在、未来，它是一本无与伦比的绝妙好书。

三条路径，三重境界，都指向美好的人生。我们提倡知行，并超越第一、二重境界，实践并飞渡第三重境界。那是一个美心、美德、美行、美我、美人、美众的大美境界。

你手中的这套"美育实践丛书"，就是引导我们进入第三重境界的新书、好书、奇妙之书。

这套"美育实践丛书"，核心是"美育"，关键是"实践"。"美育"强调"三自"：自主、自觉、自动地拥抱美；"实践"要求"三实"：扎实、踏实、真实地践行美。在实践中自我培育美感，在生活中共同参与审美，在一生中自觉实践、创造美好。通过实践，一起发现美、感知美、鉴赏美、升华美、创造美，一同达到美育活动的全新境界。

美在读书中，美在行动中，美在我们心中、手中，在我们日常的一言一行中，在我们人生不懈的追求中。美浸染着我们的生活，滋润着我们的心灵，塑造着我们的人格。实践吧！美，就是你、我、他，就是人生、社会、世界大家庭，就是人类大同，就是人类命运共同体。让我们以美为桥梁、为纽带，连接彼此，以美培元、以美润心、以美育德、以美启智，共同编织一个和谐而充满希望的明天！

2024 年 8 月

CONTENTS

目 录

古色之美

探古色，访青绿，感受古雅的色彩和情调

> 鹏鹏，2022年春晚舞蹈《只此青绿》给大家留下了深刻的印象。可为什么舞蹈中的青绿色跟现在的不一样呢？

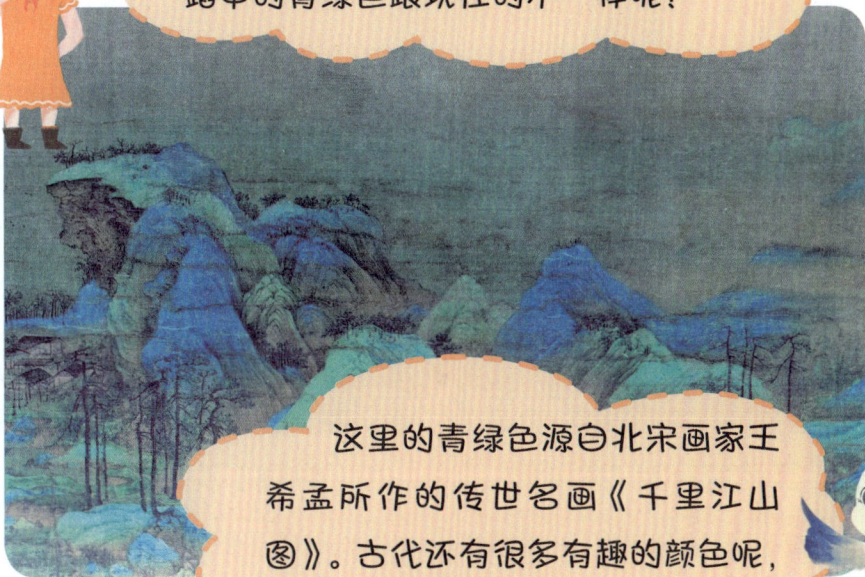

> 这里的青绿色源自北宋画家王希孟所作的传世名画《千里江山图》。古代还有很多有趣的颜色呢，我们一起去研究吧！

（宋）王希孟《千里江山图》（局部一）（现藏于北京故宫博物院）

青绿山水画是中国山水画的一种，以矿物质颜料石青、石绿为主色，表现丘壑林泉、亭台楼阁之类。由隋代画家展子虔创立，经唐代李思训、李昭道父子及宋代王希孟和"二赵"（赵伯驹、赵伯骕）继承和发展，至明代达到高峰。明代画家仇英、张宏以实景青绿山水闻名画坛，开创了青绿山水画的新格局。

清代"四王"之一王翚（huī）在《清晖画跋》中提出："凡设青绿，体要严重，气要轻清，得力全在渲晕。"

哇，没想到古代的色彩如此丰富！

除了青绿山水画中的颜色之外，享誉世界的敦煌壁画中有更多的颜色，它可是一座丰富多彩的颜料标本博物馆呢！

（盛唐）莫高窟第217窟局部

（中唐）莫高窟第12窟局部

哇，这么多好看的颜色，快来找找看，古代绘画中都有什么颜色？

色　彩　美

清雅的蓝色　　_____的红色　　_____的黄色　　_____的黑色

色彩在中国传统文化中有着深厚的文化内涵，在中国古代的五色体系中，正色为青、红、黄、白、黑五种颜色，在中华文明的演进过程中，五色体系与五行理论并行，渗透到政治、文化、社会、生活的方方面面。古代的绘画、建筑、器物等都含有丰富的色彩。

（宋）王希孟《千里江山图》（局部二）（现藏于北京故宫博物院）

清代彩釉瓷器（现藏于苏州博物馆）

你知道吗？古代的色彩除了青、红、黄、白、黑构成的传统五正色，还有紫、绿、褐三间色，这八大色系共同搭配组合，形成了浓淡变幻、深浅不一的中国古色。

我还发现，青色因深浅、明暗、疏密的细微差别，能够生出万千变化的颜色呢！

在古代，由于受技术水平的限制，用彩色矿石提炼出来的颜料含有许多杂质，一些颜料中所含的植物汁液也会由于水分和光照呈现出深浅不一的颜色，恰恰是大自然赋予的这些因素，使古代的绘画和染色颜料呈现出非常独特的古韵之美。

月白　藕荷　胭脂

群青　沉香　缃叶

小讲坛

"月白"不是"白"。月白是指月亮的颜色，古人认为月亮的颜色不是纯白，而是带着一点淡淡的蓝色。

"青莲"没有"青"。青莲是紫色，而且是紫中偏蓝。

"百草霜"无关"霜"。百草霜是上百种草烧完后附于锅底或烟筒中的一层跟霜一样轻柔的烟墨，属灰色，可以入药。

竹月、秋香、天水碧是什么颜色？请你查一查，讲给其他同学听。

月白、藕荷、胭脂、群青、沉香、缃叶……这些称谓诗意弥漫，仿佛有一幅幅画卷在我们眼前徐徐展开……古人对色彩的称谓真是意蕴无穷呀！

每一个颜色的名称都凝结着古人的智慧及其对生活和自然的热爱。这些古色在汉字、成语、古诗词中都有所体现，采撷一些，记录下来吧！

意 境 美

汉字 · 色彩

成语 · 色彩

古诗词 · 色彩

古代画作里的色彩时隔千年，依然亮丽如初。你知道这是为什么吗？

古时候人们作画所用的颜料，基本都是从大自然中获取的，如从矿物、植物、动物中提取，异常珍贵。

自 然 美

矿物质颜料

朱砂：永不变色

_____

_____

_____

植物质颜料

胭脂：会变色

_____

_____

_____

动物质颜料

贝壳粉：会变色

_____

_____

_____

小讲坛

藤黄是一种带毒性的树汁，因为会伤害人体，所以不能用作衣服等纺织物的染料。人们在藤黄树的树干上切一块很深的口子，用容器接取口子里流出的藤黄树汁，再把藤黄树汁放在火上烘烤，蒸发掉藤黄树汁的水分，待其干燥后，将固化的树脂块研磨成亮黄色的粉末。在敦煌壁画等一些中华瑰宝中，都有藤黄颜料的运用。

色彩是视觉艺术的魔术师。不同的颜色能给人以不同的感受，红色热烈，黄色温暖，蓝色庄重，绿色清新，白色纯洁，黑色沉静。色彩的搭配在生活中有举足轻重的作用，大到城市建设，小到穿着打扮，色彩能美化生活，陶冶情操。成功的色彩搭配不仅要做到美观、和谐，而且还应该有层次感、节奏感，给人以美的享受。

主色调：蓝

搭配色：绿

点缀色：白

视觉效果：_____

开阔平远、心情舒畅。

说说这几幅图的配色，以及它带给你的感受吧！

古人获取颜料太不容易了！鹏鹏，我们能不能用现在的颜料调出古色呢？

万变不离其宗，古韵之色看似复杂，其实都可以用青、红、黄、白、黑五种基础颜色调和出来。在单色的基础上，加入不同比例的白色和黑色，就可以变幻出无穷无尽的颜色了。例如下图的红色，分别加入不同比例的白和黑，呈现出不同的色彩变化。

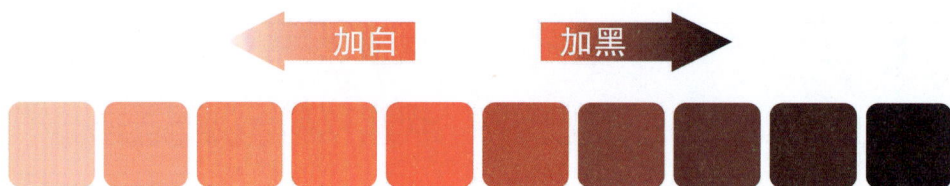

← 加白　　加黑 →

小实践

材料： 水，调色盘，青、红、黄、白、黑五色颜料，搅拌棒。

试验： 根据右边提供的颜色比例，将对应的颜料按比例放到调色盘中，用搅拌棒搅拌均匀，尝试调出天水碧、秋香色和绛红色。

天水碧	= 5 黄	+ 3 青	+ 7 白
秋香色	= 5 黄	+ 3 白	+ 1 黑
绛红色	= 5 红	+ 2 黑	

1. 根据你的理解，创造性地调配出更多的古韵之色，涂在下面，并给它们取一个诗意的名字吧！

01

02

03

04

2. 用调配好的古韵之色创作一幅独一无二的画作。

实践小贴士1

　　建议先用三原色调成基本颜色，再用黑、白两色调成一定的灰色，最后将两种颜色混合起来，这样成功率比较高哦！

实践小贴士2

　　在涂色过程中，请尽量不要涂出边线。色彩的表达需要符合现实。我们还可以用深浅不一的颜色表达不同的主题。

3. 请对自己和同伴的作品作出评价。

序号	评价内容	星级（最高五颗星）
1	熟练运用古色，不少于3种	☆☆☆☆☆
2	色彩搭配美观、和谐	☆☆☆☆☆
3	色彩运用有独特的创意	☆☆☆☆☆

数字化美育实践基地

我们生活在色彩斑斓的世界里，让我们组成实践小组，到校园、社区、商场、展览馆等场所，观察树木、花草、园林、建筑、商场、展柜等的布置，寻找几处人们利用色彩搭配创造出的美的环境，记录并分享发现和感悟。

寻找生活之美

小组成员				
走访场所				
美的发现				
美的感悟				

百变沙粒

积少成多、浩然壮阔、熠熠生辉

说起沙粒，你会想到什么呢？是海边细软的沙滩，是寸草不生的沙漠，还是铺天盖地的沙尘暴？让我们走近沙粒，看看这个小家伙的万千面孔吧！

> 美美，你玩过沙子吗？

> 当然玩过啦！每个暑假，我都会和爸爸妈妈、小伙伴们去海边玩耍，在沙滩上玩沙子、堆城堡，别提有多开心了！

别看单独的一颗沙粒十分微小，肉眼几乎难以看见，但它的作用可大着呢！一片沙滩、一条河流、一幢楼房，都有它的身影，让我们一起一探究竟吧！

猜猜这些是什么？

这是 3D 显微镜下沙粒呈现的样子，用 3D 显微镜来观察我们习以为常的世界，即使是最普通的沙子，在放大后都呈现出难以想象的美丽。

每一颗沙粒都有自己独特的美。仔细观察，说说它在你心中的细节美吧！

细 节 美

颜色	形状	其他

你知道沙子是什么颜色的吗？沙子，以其独特的色彩语言，成为大自然调色板上的一抹颜色。白色沙滩，沙质细软，仿佛抹去尘埃的镜子般纯净；金色沙滩，仿佛太阳洒落的碎片，闪耀着温暖的光；黑色沙滩，深邃而沉稳，仿佛在诉说着世界的奥妙；粉色沙滩，艳丽温柔，仿佛讲述着一个浪漫的传说。

中国三亚白色沙滩

泰国普吉岛金色沙滩

冰岛维克黑色沙滩

印度尼西亚科莫多岛粉色沙滩

你还知道什么颜色的沙粒呢？一起记录下来吧！

听说甘肃敦煌鸣沙山、宁夏中卫沙坡头、新疆巴里坤鸣沙山、内蒙古达拉特旗银肯塔拉沙漠，那里的沙子都会唱歌呢！

有学者认为鸣沙是一些特别的沙子，在许多有沙子的河滩、湖畔、海滩、沙漠上都曾出现。鸣沙按发声的不同分为两大类：一类是声音较小的"哨沙"，也称"音乐沙""犬吠沙"或"歌沙"。哨沙在移动或压缩时会发出短促、高频的声音，持续时间一般不到14秒。另一类则发生在规模较大的沙漠地带的沙丘上，叫作"轰鸣沙"，声音大而低沉，持续时间也较长。

关于"鸣沙"，不同学者有不同说法，请你查阅资料，和大家一起分享吧！

共鸣说	静电说	湿度说

请你找找身边的小小沙粒，也许会发现美丽的风景！

看沙

摸沙

评沙

鹏鹏，圆润的珍珠和小小的沙粒也有奇妙的联系呢！

一粒沙子被蚌含在壳里，不知过了多少年，被磨炼成一颗光彩夺目的珍珠。珍珠形成是因为沙子意外闯入蚌的体内，蚌本能地分泌出一种名为珍珠质的物质，将沙子层层叠叠、日复一日、年复一年包裹而成。几亿粒沙子里才能产生一颗珍珠。珍珠，就是蚌用自己的方式，向世界诉说的一个温柔而坚强的故事。珍珠的形成过程，也常被用来比喻人生中的挑战和成长。

沙粒与珍珠的故事让人深思，把你的感悟写下来吧！

时间的磨炼

没想到，小小的沙粒也有可能变成美丽的珍珠！

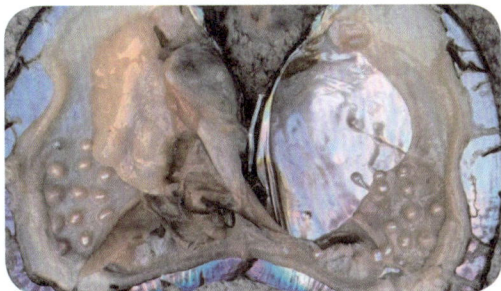

我认为，沙子和珍珠都有各自的美，你发现了吗？

默默无闻

平 凡

璀璨夺目

丰 润

在沙子上还可以写字或画出各种各样的沙画，我们都来试试吧！

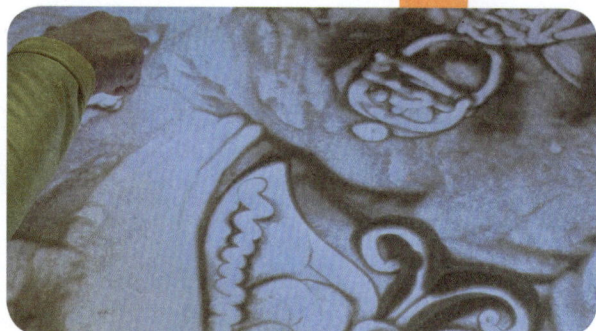

找一找你身边的小沙粒们，它们如害羞的孩子一般，隐藏着自己的美。请用你的聪明才智，给它们勇气来展现自己的美吧！

我的沙画

　　沙子在混凝土中起到骨架的作用，被称为"骨料"。建筑用沙的最大特点就是颗粒要大，这样才能够与水泥等材料搅拌固化，形成能够稳定支撑房屋的混凝土。

　　沙粒还可以参与建筑，你在建筑的哪个部分发现了沙粒的身影呢？

数字化美育实践基地

了不起的沙粒还有好多用途，让我们来先睹为快吧！

小小的沙粒跟我们生活密切相关。沙粒不仅可以做成玻璃，还能做成CPU——电脑最重要的一个零件，厉害吧？想了解更多沙粒的故事吗？快去网络上搜索吧！

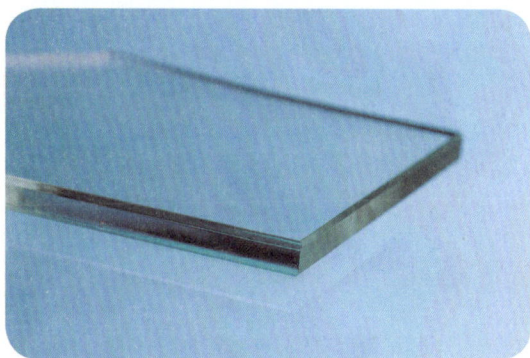

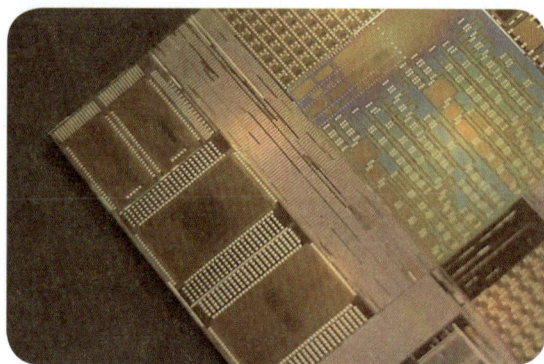

沙粒变成_____的故事

我是沙粒，我的兄弟们都会变形，我变成了_____。首先，我被送到了_____，我在这里经历了_____。最终，我成功升级。我们的用处多到你想不到！

我会_____。

奇妙App

简约而不简单，多彩而不复杂，为生活插上翅膀

鹏鹏，现在的生活真方便，在手机上点一点、划一划，便可完成全方位的生活体验。

乘坐地铁，
请扫码进站！
购物消费，
请扫码付款！
进入小区，
请一键开门！
……

是啊，多亏了手机上各类功能强大的 App。我们只需要打开 App，就可以满足出行、购物、娱乐等多种生活需求了呢！

App 的功能这么强大，我们的生活已经被它们包围了，必须好好研究！

万物互联，我们要用好 App。你常用的 App 有哪些？分别列出来吧！

学习类	视频类		

App 作用可多着呢！它就像我们生活中的向导，可以帮我们更加清晰地了解这个世界。

"学习强国"是以习近平新时代中国特色社会主义思想和党的二十大精神为主要内容的优质学习平台。

"电视台"中的视频学习

1. 观看新闻联播

2. 小、初、高特色课程

3. 优秀纪录片

……

"电台"中的音频学习

1. 听新闻报摘

2. 听历史

3. 听理论

……

同学们，快使用"学习强国"提升自己吧！

App 让我们的生活变得丰富多彩！

没错！它们让我们的生活更加方便了。

给父母手机中的 App 进行分类！

通信 	导航 	网络购物 
微信 ……		

Classin 为线上授课提供了很好的平台，让老师和学生在家也可以轻松完成课堂教学。

你还体验了哪些好用的 App 可以应对线上课堂呢？它们有什么样的功能呢？

1. Classin 有云端黑板，老师和同学们都可以在上面绘画。
2.
3.

多亏了这些社交软件、网络课堂，网课才能进行得顺顺利利。

为应对时代的变化，App 也不断地创新，为人们的生活带来更多便捷，创造出更和谐美好的生活环境！

"数字人民币" App 是中国法定数字货币——数字人民币面向个人用户开展试点的官方服务平台，不仅安全等级高，还能有效保护用户个人隐私。

"铁路 12306" App 是铁路服务客户的重要窗口，集成了全路客货运输信息，为社会和铁路客户提供客货运输业务和公共信息查询服务。用户可以进行互联网购票、业务查询等。

中国铁路

生活中还有哪些便民 App 呢？

目前，App 已经渗透到各行各业。即时分享、生活创作、"互联网＋App"带来的快乐，你感受到了吗？

"乐"字代表了App时代下人们生活的幸福和快乐！

电子快捷支付让收付款变得流畅简单。

社区分享App中，穿衣搭配、出行路线规划、美食制作等分享让生活变得有趣起来。

短视频App早已火爆全球，短视频的分享、直播、互动让人们乐在其中。

短视频App深受人们喜欢。但是，它们真的是完美的吗？

App 让我们的生活变得简单多彩却又充满风险。

如今，在多媒体技术快速发展且与人们生活全面融合的时代背景下，电信网络诈骗频频出现，作案手法层出不穷，诈骗与反诈骗的对抗全面升级，形势仍显严峻。

"国家反诈中心"App 针对电信诈骗而生，集报案助手、举报线索、诈骗预警、反诈宣传等多种功能于一体，不仅可以避免人们上当受骗，还能教会人们防诈知识，与时俱进。

"国家反诈中心"App 是由公安部刑事侦查局组织开发的一款免费防诈应用平台。它就像一个忠实的小卫士，时刻守护着我们的生命财产安全！

有时候我也会接到一些诈骗电话，我应该如何预防电信诈骗呢？

同学们，快下载"国家反诈中心"App 来帮助美美吧！

数字化美育实践基地

如果不把控好时间，短视频 App 就如同精神鸦片，让人沉迷其中，影响人们的正常生活。只有合理地使用这些 App，才会获得充实的快乐。

随着 5G 时代的到来，App 必将再次迎来全新升级。科技可以服务人类，但未来的挑战还有很多。请你查阅资料，了解未来 App 的可能性……

App 不仅能为生活带来便利，还能为我们的生命、财产安全保驾护航！

同学们，快为你最喜爱的 App "代言"！你可以选择屏幕录制或者截图展示的方式，让更多的人了解受益！

我 "代言" 的App

多彩灯光秀

声、光、电融合，科技秀出中华美！

2022 年北京冬奥会开幕式展现了一场美轮美奂的灯光秀表演，惊艳了全世界！

简约、浪漫、童真、唯美，让人身临其境，深受震撼！

灯光秀是将声、光、电相结合的艺术表现形式。2022 年北京冬奥会开幕式上的灯光秀将历史与文化融入灯光之中，带给观众视觉、听觉与情感相融合的审美体验。这样华灯流彩的灯光秀是如何打造出来的？让我们一起开启美的探秘之旅吧！

　　2022 年北京冬奥会的灯光设计秉承"光透内涵，影述外延"的设计理念，以象征着冬季的冰雪蓝为主色调，通过 LED 巨屏、AR、裸眼 3D 等技术设备，多层次环形布光，呈现出空灵、唯美、浪漫的视觉效果。

> 2022 年北京冬奥会开幕式的灯光秀有哪些让你印象深刻的场景？它们美在哪里？

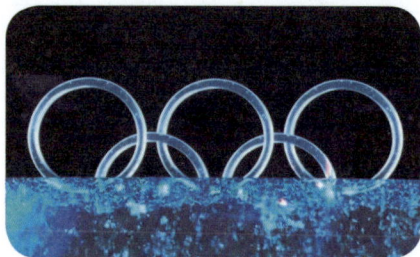

晶莹剔透的
冰雪五环破冰而出。

汉字寄祝福，
浓浓中国味！

万物复苏，
生机勃勃。

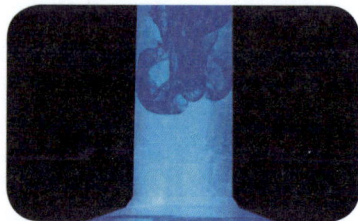

冰蓝色的水墨幻化成
黄河之水，倾泻而下。

画面美	声音美	光影美
形态各异的冰雕 玲珑可爱的雪花 "过年好"的字样 ……	《歌唱祖国》 《奥林匹克进行曲》 ……	

自然美	人文美	运动美

各美其美，美美与共！
聪明的你，还发现了哪些美？
快点写在下面吧！

2021 年是中国共产党成立 100 周年，同样是"建党百年"主题，不同城市的灯光秀展现了不同的风采。它们的美有何不同？

湖北武汉长江二桥一片红色。

河南洛阳应天门城楼上华灯璀璨。

上海黄浦江两岸近300幢建筑悉数亮灯。

每一场灯光秀都展现了设计师的审美水平和设计理念，以及城市背后的历史、文化！

武汉：九省通衢、英雄之城……

洛阳：盛唐气魄、历史名城……

上海：东方明珠、国际化大都市……

除了 LED 屏之外，灯光秀还有其他的表现形式，如无人机表演。

2018 年 9 月 20 日，为庆祝改革开放 40 周年，深圳市民中心灯光秀惊艳绽放。800 多架无人机灵动起飞，一只大鹏展翅长空，星光与灯火璀璨生辉。这场无人机灯光秀用最科技化、最炫酷、最缤纷的方式，向奋斗者致敬，为追梦人喝彩！

去寻找身边的"多彩灯光秀"，尽情感受声、光、电的融合之美吧！

看一看

在这场表演中你看到了哪些画面？

"我爱深圳"的字样

大鹏的形象

……

这些画面包含了怎样的意义？

听一听

在这场表演中你听到了哪些音乐？

你还能找到其他合适的配乐吗？

中国灯光秀旨在讲中国故事，展中国精神，显中国力量。具体表现在哪些方面？

中华美

深圳为了拍摄"奋进40载"这一无人机灯光表演视频，超过100名工作人员在现场进行摆放、调试。

广州塔灯光秀用无人机拼出各类造型，讲述广州创新发展的故事。

西安大唐不夜城灯光秀展现盛唐景象。

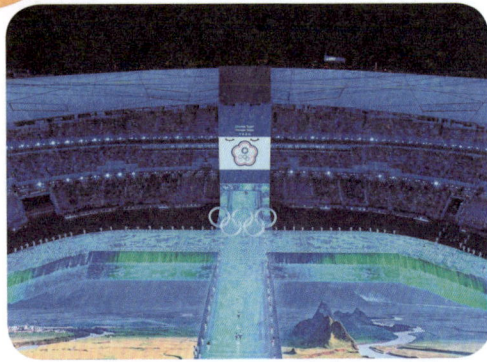

2022年北京冬奥会开幕式主舞台台面可变换成多面凸屏，延伸画面，增添空间感。

团结协作 + 人文精神 + 传统文化 + 高端科技 + 　　 = 中华美

"我们一直在讲一朵雪花的故事，运动员入场式的引导牌是个发光的雪花，上面写着参赛国家的名字。"

——张艺谋：2022 年北京冬奥会开幕式"一朵雪花"的故事

千万雪花，

竞相开放。

万千你我，

汇聚成一个家。

——张帅《雪花》（2022 年
北京冬奥会开幕式主题曲）

与 2022 年北京冬奥会有关的故事还有很多，你能跟小伙伴们分享吗？

这么多绚丽多彩的灯光秀不仅体现了国民审美的提升，更向世界展示了中国的经济与科技实力。

广州北京路步行街
裸眼3D巨幕
身临其境

深圳市民中心
建筑灯光秀
如同科幻大片

璀璨灯光，照出人们对幸福生活的美好向往，也照亮祖国的科技发展之路、强国之路！

2019年是中华人民共和国成立70周年，庆祝祖国华诞灯光秀在深圳上演。

2029年是中华人民共和国成立80周年，你想设计一场怎样的灯光秀？

你想在哪里举办这场灯光秀呢？

你将选取哪些有代表性的故事？

灯光秀上将呈现怎样的画面？搭配什么音乐？

数字化美育实践基地

请用水彩笔画一画你设计的灯光秀，并将灯光秀的名字、寓意等写出来！

我的灯光秀

名字：

寓意：

音乐：

其他：

汉服风韵

追随历史脚步，品味中华霓裳之美

鹏鹏，你看！快过年了，妈妈给我买了件新衣服！

哇！你这件衣服可真漂亮！

春节至，年味儿浓。小朋友们穿新衣、戴新帽。有意思的是，带有浓郁中国元素的汉服成了新时尚，大街上一派热闹景象。汉服是中国古代服饰的缩影，中国传统服饰是中华文化的重要组成部分，它不仅体现了中国古代的工艺技术和审美理念，也是中华民族文化自信和文化传承的重要载体。

鹏鹏，每个朝代的衣服流行色都大不相同呀！

中国有礼仪之大，故称夏；有服章之美，谓之华。从历朝历代传统服装的颜色审美取向中，亦可窥见华夏民族的文化内涵。

（五代）顾闳中 《韩熙载夜宴图》（局部）

（现藏于北京故宫博物院）

色彩美

黑	赤	白	青

美美，你仔细观察，不仅是颜色，每个朝代的服装样式也有很大差别。

襦裙服是汉族女子服饰中常见的一种款式，即女子上穿短襦，下着长裙。在唐代，短襦、长裙和披帛是女子服饰中必不可少的三件物品。填在下面的图中吧！

样 式 美

即使是在画里，也能感受到古代服饰美得各不相同。

（东晋）顾恺之《洛神赋图》（宋摹本局部）

（现藏于北京故宫博物院）

感知美

古代服饰中精巧的带钩、盘扣也让人目不暇接！

带钩是在腰带上使用的一种挂钩，后来也称带扣，用于连接衣带。盘扣是中国传统服饰使用的一种纽扣，用来固定衣襟或作装饰。

玉带钩

盘扣

请你再仔细找一找，还有其他美的发现吗？

装　饰　美

材质	特点	图示
纹样	色彩丰富	
带钩	雕刻精细	
盘扣		

鹏鹏，你还在哪里发现了汉服之美呢？

除了服饰本身，古代诗词歌赋中也有很多表现汉服之美的诗句呢！

文　化　美

足下蹑丝履，头上玳瑁光。腰若流纨素，耳著明月珰。

——（汉）乐府民歌《孔雀东南飞》

移舟木兰棹，行酒石榴裙。

——（唐）白居易《官宅》

绣罗衣裳照暮春，蹙金孔雀银麒麟。

——（唐）杜甫《丽人行》

照花前后镜，花面交相映。新贴绣罗襦，双双金鹧鸪。

——（唐）温庭筠《菩萨蛮·小山重叠金明灭》

你还知道哪些表现古代服饰之美的诗句呢？记录下来吧！

中国古代服饰到底是怎样演变的呢?

汉代仕女灰陶俑
（现藏于河南许昌博物馆）

商周时期，统治者推崇"礼制"，用衣服区分等级，秦汉两代相继沿用。深衣是这一时期的代表性服饰。

隋唐是我国古代服装发展的重要时期。服饰上吸收了胡服的部分特点，发展出款式新颖、色彩绮丽、图案丰富的唐代服饰。

唐代拱手女俑
（现藏于陕西历史博物馆）

宋代玉雕仕女
（现藏于山东烟台市博物馆）

宋代服饰出现了哪些明显的变化？整体风格是……

_____

_____

_____

美美，为什么会出现一朝一服饰这样的情况呢？

这个问题真是难倒我了……

　　服饰的发展变化与当时的社会、经济、文化发展关系密切。例如盛唐时期，中国古代服饰也发展到全盛时期，政治稳定、经济发达、生产和纺织技术进步、对外交往频繁等促使服饰文化空前繁荣。

查一查，唐代追求华丽新颖服饰的原因是什么？

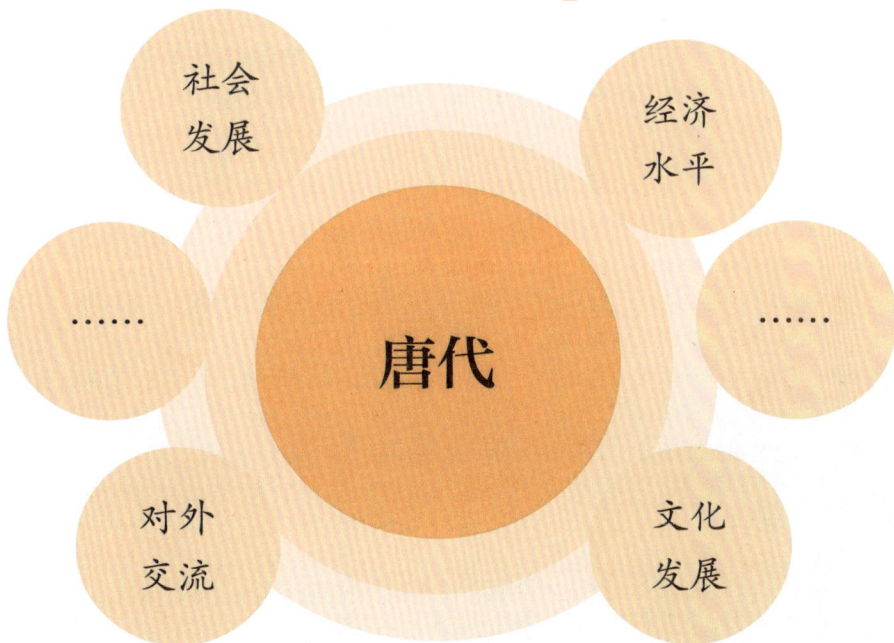

社会发展

经济水平

……

唐代

……

对外交流

文化发展

美美，快看！中国服饰之美不仅体现在古代服饰中，越来越多现代服饰也运用了中国传统元素，打造出独一无二的东方时尚！

现代服饰与传统元素的结合之美

哪些元素体现了东方审美呢？

　　华夏江湖，春风雨露；杂粮五谷，布衣华服。

　　《布衣中国》是一部讲述中国服饰演变以及服饰背后的人物命运和时代变迁的纪录片。有兴趣的同学可以在课后搜索观看，并把你的感受记录下来哦！

了解更多知识，可登录：

　　中国丝绸博物馆（www.chinasilkmuseum.com）
　　民族服饰博物馆（www.biftmuseum.com）

哇！看上去真有趣！

今天，中国传统服饰体验活动走入校园啦！我们一起用丝线来体验琵琶扣的制作吧！

准备材料：

一根约 30 厘米的丝线。

制作方法：

①用丝线绕一个圈。

②从左向右绕一个八字，之后再绕一个八字，第二次要绕在第一个八字的下面，以此类推，可以绕 3～5 圈。

③将绳头藏在反面，慢慢收紧扣子调整好外形，剪去多余的绳子，绳子的接口处需用针线缝牢固。

琵琶扣

编织教程，可参考：

https://www.bilibili.com/video/BV1Ak4y1t7UA?spm_id_from=333.788.videopod.sections

美美，琵琶扣不仅可以用丝线编织，也可以用衍纸卷出哦！

我还想到了用剪纸、黏土来制作。我这就去试试！

数字化美育实践基地

美美，"互联网+"时代，我们可以利用数字化平台深入了解博大精深的服饰文化！

那我们快去试试吧！

一起去中国国家博物馆，直击中国古代服饰文化展。看看中国古代的"穿搭指南"。分享你最感兴趣的部分！

http://www.chnmuseum.cn/portals/0/web/zt/202102gdfsh/test/

将你最喜欢的一套古代"穿搭"粘贴在下方，并说一说它美在哪儿。

我喜欢的古代"穿搭"

南方嘉木

探园、品茶、习礼、悟道，美好生活茶相伴

鹏鹏，凤凰单丛茶入选中欧地理标志协定保护名单啦！

凤凰单丛茶出产于广东省潮州市，因凤凰山而得名。

相传南宋末年，宋少帝赵昺（bǐng）南逃，途经乌岽（dōng）山，口渴难忍，山民献红茵茶汤。宋少帝饮后生津止渴，赐名"宋茶"。也有"凤凰鸟闻知宋帝口渴，口衔茶枝赐茶"的传说，因此凤凰单丛茶又称"鸟嘴茶"。

至清同治、光绪年间，为提高茶叶品质，人们通过观察鉴定，实行单株采摘、单株制茶、单株销售的方法，将优异单株分离培植，故称"凤凰单丛茶"，这种茶具有形美、香韵、色翠、回甘、耐泡五大特征。

多么传奇的故事，多么香的茶叶，必须去茶园看看！

空气清新，云雾缭绕，鸟语花香，茶园恍如仙境啊！

《广东通志稿》中记载，"茶为凤凰区特产，以乌岽为最佳"。乌岽村是凤凰镇古茶树云集之地，不仅有七百多年的老宋茶，更有上千株两百多年的古茶树。

你知道凤凰单丛茶一般在什么季节采摘吗？

大部分茶只分春秋两季采摘，凤凰单丛茶却不同，从每年3月中旬到11月都可以采摘。因此，根据采摘季节不同，分为春茶、夏茶、秋茶。

但是，高海拔山区茶树生长缓慢，有一种蜜兰香凤凰单丛，茶农一年只采一次，好让茶树休养生息。

凤凰单丛茶为什么这么香呢？不仅茶叶闻之清香，茶汤更是香气浓郁呀！

茶山一年四季云雾弥漫，空气湿度大，这种环境有利于茶叶芳香物质的合成。

经过传统的制作工序，即曝青→晾青→浪青→杀青→揉捻→烘焙六大程序，最后就可以制作成香气馥郁的凤凰单丛茶了。

据《潮州府志》记载，凤凰单丛茶始于南宋末年。目前世界上发现的最古老的古茶树在我国云南，距今2700多年。我国是最早发现茶、制作茶、饮用茶的国家。

（　）美
制作得法

种　生态美
气候温和雨量充沛

制　茶质

（　）美
适时采摘　采

茶有多少美?
我得好好品一品!

"愿充凤凰茶山客,不作杏花醉里仙。"品一品凤凰单丛茶,感受一下它独特的"山韵"。

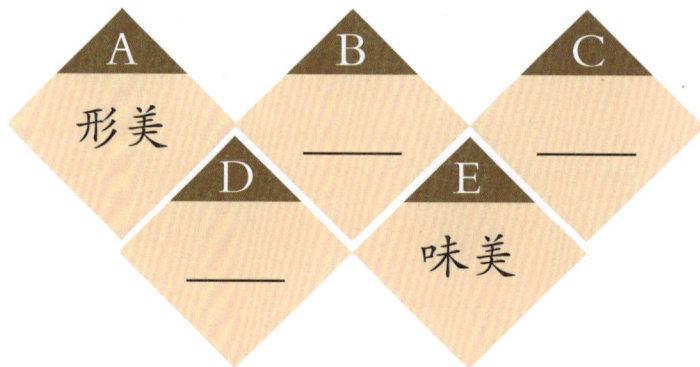

A 形美

B ____

C ____

D ____

E 味美

对比一下其他茶,也许更能感受到凤凰单丛茶的独特之美!我们一起动手,查查资料,问问茶艺师,写下自己的收获。

茶最早被当作食物和药物，古人用新鲜的茶叶煮粥、熬汤，加米、面、调料食用。后来，茶才被当作饮品。可见，茶经历了漫长的发展过程，蕴含着深厚的历史文化。

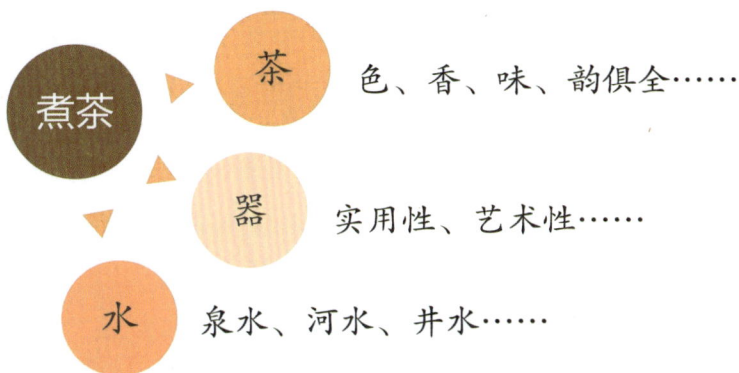

煮茶

茶　色、香、味、韵俱全……

器　实用性、艺术性……

水　泉水、河水、井水……

直接食用	碾碎烹煮	茶粉冲泡	直接浸泡
1	2	3	4

03

鉴赏美

"开门七件事，柴米油盐酱醋茶。"茶自被发现和利用以来，便与人结下了不解之缘。

品茶讲究观茶、闻茶、品茶三道程序……

观茶色　　金黄、明亮者为上

品茶

闻茶香

品茶味　　清、香、甘、淡……

传其情

净其心

茶质要优良，水质须纯净，冲泡要得法，茶器须精美，这是茶道的基本要求。

"美食不如美器"，古人饮茶可是很讲究器具的！

"人无贵贱，家无贫富，饮食器皿皆所必需。"
茶在药用、食用、饮用时都离不开茶具。

器色之美　器材之美

器形之美　　茶之器

陶土、紫砂、青花瓷……茶具各有其形，各有其美，好茶配好器，值得好好鉴赏！

我国是生产瓷器最早的国家，茶具的种类也丰富多彩。

宋代五大名窑分别为：汝窑、官窑、哥窑、钧窑、定窑。

小讲坛

汝窑为五大官窑之首，窑址在今河南省宝丰县大营镇清凉寺村，宋朝时属汝州。汝窑的艺术特征是以青瓷为主，"釉色天青色""蟹爪纹""香灰色胎""芝麻挣钉"等都是鉴别汝窑的重要依据。

喝的是茶，
品的是文化！

茶，可食用、解百毒、易健康、益长寿。

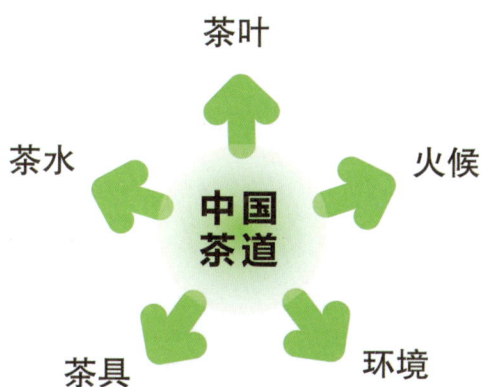

茶叶

茶水   火候

中国
茶道

茶具   环境

喝茶本来是一件简单的事：添茶叶、倒水。中国人却以茶为媒，以茶修身，通过沏茶、赏茶、闻茶、饮茶，增进友谊，学习礼仪，美心修德，于是便有了茶之"五境之美"。

茶，给人以感官和精神的享受，是人之美、器之美、境之美的高度融合。

"茶圣"陆羽

唐代茶学家陆羽撰《茶经》三卷，他不但从科学的角度，介绍了茶叶如何种植、制作，而且从文化的角度，讲述了如何煮茶、品茗，揭示了茶的精神实质、礼仪规范和审美范式。《茶经》是了解中国茶道必读的一部经典。

"敬茶只沏七分满"，
向茶艺师学习饮茶礼仪吧!

中国人习惯以茶待客，沏茶是家庭礼仪中待客的一种日常礼节，也是社会交往的一项内容，不仅是对客人、朋友的尊重，而且能体现自己的修养。品茶逐步形成一套独特的，融精神、礼仪、沏泡技艺为一体的茶道样式。

来，一起学一学，做一做!

奉茶礼

酒满茶半，以七分满为宜

水温＿＿＿＿＿＿＿＿

双手＿＿＿＿＿＿＿＿

扣茶礼

长辈添茶，手心向下……

平辈添茶＿＿＿＿＿＿＿＿

晚辈添茶＿＿＿＿＿＿＿＿

饮茶礼仪还有很多，多了解多尝试，整理一下写在空白处。看谁写得又多又好!

有关"茶"的诗词可多了，我要找一找，背一背，好好体会中国茶道。

茶。

香叶，嫩芽。

慕诗客，爱僧家。

碾雕白玉，罗织红纱。

铫煎黄蕊色，碗转曲尘花。

夜后邀陪明月，晨前独对朝霞。

洗尽古今人不倦，将知醉后岂堪夸。

——（唐）元稹《一字至七字诗·茶》

商人重利轻别离，前月浮梁买茶去。——（唐）白居易《琵琶行》

休对故人思故国，且将新火试新茶。——（宋）苏轼《望江南·超然台作》

寒夜客来茶当酒，竹炉汤沸火初红。——（宋）杜耒《寒夜》

家里来客人了，该如何沏茶待客呢？

养生

品茶　养心

养德

准备器具：烧水壶、茶壶、公道杯、茶杯……

操作流程：温杯→置茶→洗茶→醒茶→冲泡→送茶

分杯敬客：闻幽香、赏汤色、品滋味、赏余韵

数字化美育实践基地

茶史厅 酒店

茶粹厅 景点

茶具厅

鹏鹏，我们一起动手做一个线上"茶文化展览馆"吧！

好啊！先设计一下，需要几个展厅？每个展厅放些什么？

茶文化展览馆

◆ 利用网络，广泛查找资料。
◆ 绘制设计图，安排展厅。
◆ 制作网页，丰富展厅内容。
◆ 上传到数字化美育实践基地。

茶之美，在绿色生命之饮，在茶韵流香之境，在器韵之清雅，在君子之美德，在人生之甘苦，在社稷之和谐……

茶，化一片绿叶为神奇，融一杯茶水为禅心。

"声"临其境

袅袅余音，塑造万千人物形象

鹏鹏，一年一度的校园配音节就要到了，你想不想参加啊？

好期待呀！今年我想给动画片《西游记》配音。因为我最喜欢的角色就是孙悟空！

电视剧《西游记》的幕后主角是李扬老师，他被人们尊称为"替猴哥代言的艺术家"。

为了更好地模仿猴子的声音，李老师专门来到动物园观察猴子。猴子虽然不会说话，但着急、高兴、生气时会发出不同的声音，尤其是愤怒时龇牙发出的声音更是让人印象深刻。李老师沉下性子，一遍遍模仿，甚至连猴子都以为遇到了同类。他还仔细揣摩演员的表演，根据其口型、神情、动作去做最适合的配音。

功夫不负有心人。电视剧《西游记》一经播出，立刻轰动全国，成了观众心中永恒的经典！

美美，动画片《西游记》里每个角色都有自己独特的声音。你能用一个词语形容他们的特点吗？

这可难不倒我！我先说……

音　色　美

角色	声音特点
唐僧	温润
孙悟空	_____
_____	_____
_____	_____

美美，好的配音作品不止有人物的声音。让我们一起去寻找《西游记》里更多美妙的声音吧！

1961年上海美术电影制片厂动画影片《大闹天宫》剧照

（导演：万籁鸣、唐澄，美术设计：张光宇、张正宇，动画设计：严定宪等）

我发现了流水声、马蹄声、打斗声……

美妙声音	流水声	马蹄声	打斗声
	_____	_____	_____

鹏鹏，下面的动画片都是经典。请写下你心目中的经典台词，模仿一下吧！

没问题，我来试试！

《舒克和贝塔》

《疯狂动物城》

经典台词：开飞机的舒克，开坦克的贝塔

经典台词：

《熊出没》

《大头儿子和小头爸爸》

经典台词：

经典台词：

当代戏剧家姚锡娟老师用"熟、懂、化、说、准、松、真、新"这八个字形容配音艺术的奥秘。请选择你最喜欢的动画作品，运用这些秘诀分析它的配音吧！

熟	熟读作品
懂	
化	
说	
准	
松	
真	
新	

还有哪些因素会影响配音呢？上网查查吧！

　　配音和人的语言特征有很大关联。一个人语言特征的形成因素主要有生理和社会两大因素。生理因素，指人天生的音色、音调、音量等；社会因素，指人的生活环境，主要指语言环境。

不同声音可以塑造不同人物角色。声音与角色统一才能将影视作品中的形象塑造得栩栩如生。

先看看不同年龄的声音特征，再记录下来！

和谐美

沧桑沙哑

＿＿＿＿＿＿

＿＿＿＿＿＿

配音时，我们也要注意声调的高低起伏，不同声调塑造的角色也不一样哦！

声调美

声调	情感	角色形象
高	积极向上	热情开朗
低	情绪低落	忧伤失落
……	……	……

同一部作品改编的影视剧和动画片的配音一样吗？

同学们，请上网查阅资料并结合你自己的感受，将影视配音和动画配音的相同和不同之处填在下方吧！

| 故事情节相同 | _____ | _____ |
| 创作依据不同 | _____ | _____ |

要配好一部作品太不容易了!

是呀!每一个配音作品都是一个团队合作的集体智慧。每一句台词,他们都要在配音间练习无数遍。这种合作、敬业的精神值得我们学习。

我们想一想,配音的"合"体现在哪些方面,记录下来吧!

声音与角色贴合 + ⚪ + ⚪ + ⚪ + ⚪ = 合

创造美

请利用配音App，和同学进行小组合作，选择一段经典影片，分角色一起来配音吧！期待你在配音秀中的精彩表现！

让我们跟着下面的指引行动起来！

1.选定配音作品

我们选定配音的作品是：＿＿＿＿＿＿＿＿＿＿＿＿＿＿＿＿

2.做好前期准备，备好硬件

电脑、耳麦、配音App：＿＿＿＿＿＿＿＿＿＿＿＿＿＿＿＿

3.安排分工

分组	角色	配音演员
人声配音组		
配乐组		
道具组		

4.现场演绎

台前与幕后团队通力合作，完成一部配音作品，并录像记录下来。

5.同伴互评

维度	星级（最高五颗星）
创意	☆☆☆☆☆
声音	☆☆☆☆☆
合作	☆☆☆☆☆

数字化美育实践基地

美美，数字化时代，我们还可以利用数字技术来开展配音哦，也就是AI配音！

是的，我可以进行AI配音。它的效果和人声配音相比，有什么不同呢？一起来试试吧！

搜索 AI 配音 App，如魔音变声器、百宝音等，生成 AI 配音作品，并与你的配音作品进行对比。

AI 配音作品

你的配音作品

将两个作品上传到数字化美育实践基地，看看哪一个作品更受大家喜欢。

和美丹霞

悦目、悦心、悦智、悦情，感受丹霞山水的和美

> 鹏鹏，广东韶关的丹霞山有个美丽的传说，你听说过吗？

> 丹霞山不愧为岭南第一奇山！听说它还是世界"丹霞地貌"命名地、全球首批世界地质公园，也是广东省唯一的世界自然遗产。因其由红色砂砾岩石构成，被誉为中国红石公园！

传说，女娲受天命差遣，下地造人。她来到南海以北一个叫"夏湖"的地方，这里水土沃美，造出之人，男性刚阳健美，女性秀丽聪慧。

后来由于共工争帝，触不周山，天柱折、地陷天裂，女娲便令巨鳌四脚作柱顶天，她用五彩锦石补天。女娲补完天后回到锦江河畔休息，因过度劳累蜕身成石，再也没有醒来。这就是丹霞山风景区的著名景点——"玉女拦江"的由来。

广东韶关的丹霞山相传就是女娲南下乘坐的指挥船变成的，它远看像一艘整装待发的巨轮，长老峰顶上的观日亭就是巨轮的瞭望台。

鹏鹏，丹霞山的颜色好特别呀！置身其中，仿佛走入了红色世界！

丹霞地貌"色如渥丹，灿若明霞"。这种色彩的丰富性，部分是由于岩石中富含铁质矿物，在氧化作用下形成了独特的红色。

色 彩 美

哇，丹霞山的颜色太美了，我要用词语来形容！

赤褐交织　　鲜艳夺目

鹏鹏，我去了甘肃张掖七彩丹霞，发现南北方的丹霞地貌差别可真大呀！

南方丹霞

北方丹霞

正是因为南北丹霞景观的差异，中国大地才如此多姿多彩！和而不同，差异也是一种美呀！

仔细观察，找找南北丹霞风貌的相同和不同之处！

相同点	
不同点	

其实国外也有丹霞地貌。查查资料，你能试着找出中外丹霞地貌的异同吗？

丹霞山不仅颜色独特，它的造型也很奇绝哦！其峰林和峰丛形态，是经过长时间的风化和侵蚀作用形成的，展现了大自然的鬼斧神工。

（ 天生桥 ）

形态美

（＿＿＿＿＿）

（＿＿＿＿＿）

（＿＿＿＿＿）

小讲坛

你能给这些奇特的造型取个名字吗？

丹霞山不但拥有山神水秀的绝美风景，还孕育了源远流长的灿烂文明，兼具和而不同的美。2010 年，广东丹霞山、湖南崀山、福建泰宁、浙江江郎山、江西龙虎山、贵州赤水这六处代表性丹霞地貌以"中国丹霞"名称成功申报世界自然遗产。

原来"中国丹霞"不止广东丹霞山一处呀！你能试着找出它们的相同点和不同点吗？

中国丹霞

广东丹霞山

广东丹霞山是丹霞地貌命名地，是全球发育最典型、类型最齐全、造型最丰富、景观最优美的丹霞地貌集中分布区。

湖南崀山

崀山是丹霞自然博物馆，景区内有"崀山六绝"：将军石、骆驼峰、天下第一巷、天生桥、辣椒峰、鲸鱼闹海。

福建泰宁

泰宁拥有最密集的网状谷地、最发育的崖壁洞穴、最完好的古夷平面、最丰富的岩穴文化、最宏大的水上丹霞。

浙江江郎山

江郎山素有"雄奇冠天下，秀丽甲东南"之誉，以雄伟奇特的"三爿（pán）石"著称于世。

江西龙虎山

龙虎山素有"丹霞仙境"之称，其道教圣地、碧水丹山与古崖墓群被誉为龙虎山"三绝"。

贵州赤水

赤水是"中国丹霞"中唯一的高峡幽谷丹霞景观，也是唯一的千瀑之地，以丹崖—峡谷地貌取胜。

相同点	不同点

合
→ 相互映衬
→ 各具风采
→

丹霞地貌被称为中国的地学国粹，科学价值很高。进入"丹霞地貌小讲堂"，一起了解它的演化进程，相信你会有收获！

丹霞地貌的演变，犹如人的一生，会经历幼年、青年、壮年、老年时期。"中国丹霞"的六处遗产，恰好拼凑成了一幅完整的丹霞成长画卷。不过，甘肃张掖的丹霞地貌很有名，为什么没有入选"中国丹霞"呢？请你查一查。

幼年期
侵蚀基准面上的红层有开始发育的稀疏河流，流水沿垂直节理裂隙下切，形成深峡、切沟、陡崖为主的丹霞地貌。红层顶面大部分保存且发育有弱侵蚀平台。

青年期
河流发展，流水侵蚀加强，切沟加深、加大，崩塌溶蚀，形成以峰林、石柱、陡崖为主的丹霞地貌组合。红层顶面的弱侵蚀平台尚有残留。

壮年期
河流流水以侧蚀为主，河谷加宽，谷壁逐步崩塌，形成以高峻峰林、石柱、陡崖为主的丹霞地貌组合。红层顶面的侵蚀平台不复存在。

老年期
侵蚀下降速率大于地壳上升速率，河流成为曲流，峰林、石柱等丹霞地貌组合被侵蚀夷平，逐步准平原化，地形平缓向侵蚀基准面靠拢而走向消亡。

丹霞地貌的美是锻造而成的，这种顽强的锻造精神值得我们学习！快用思维导图梳理一下它的成长特点吧！

丹霞成长史

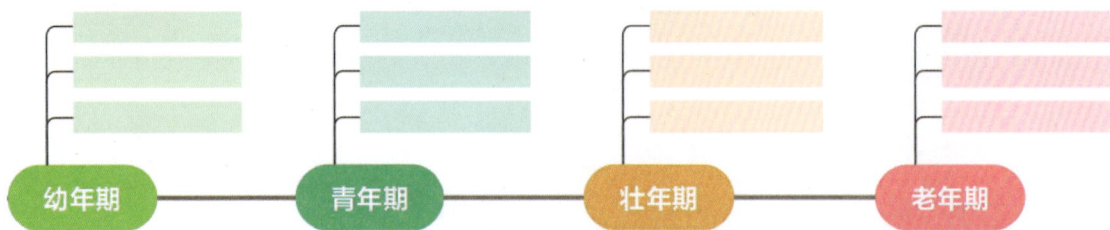

幼年期　　青年期　　壮年期　　老年期

广东丹霞山融合了自然与人文，极具美学价值、科学价值、生态学价值和文化价值。一个"和"字，很好地概括了丹霞山天人和谐的山水文化。"万古丹霞冠岭南"，以丹霞山为例，它的"和"还体现在哪些方面呢？

寺观和谐 佛道同处

仙居岩道观

和

锦石岩寺院

丹霞山细美寨

动物与植物共处 天然与人工结合

丹霞山被誉为"生物基因库"

同学们，用一种你喜欢的方式，说一说丹霞之美吧！

我可以用诗歌来表达……

我可以用数据来说明……

我可以用旅游经历来描述……

我可以……

创造美

鹏鹏，快看，有人在石壁上刻字了！

这可不是乱涂乱画，这是丹霞山的摩崖石刻。它是把文字直接书刻在山崖石壁上，丹霞山的摩崖石刻是全国重点文物保护单位，具有极高的文化艺术价值和历史研究价值呢！

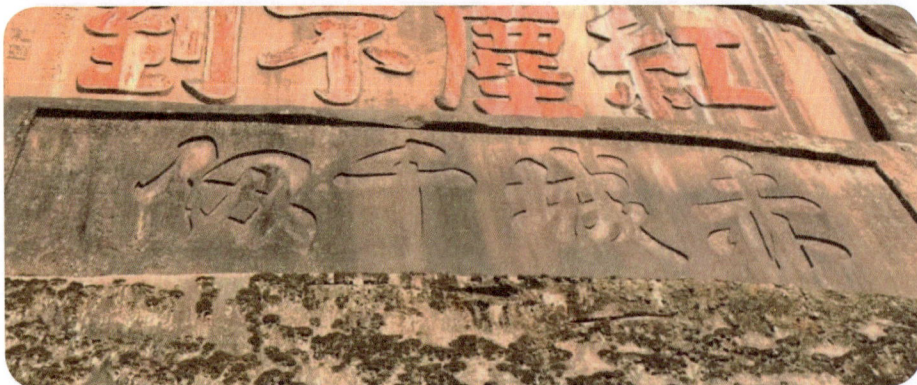

古人可真厉害！在石头上都能刻出这么美的文字。我一定要好好练字，认真写好每一个字。

古人的智慧可远不止于此！除了摩崖石刻，文人墨客留下的关于丹霞山的诗词也有很多哦！一起来读一读，背一背吧！

此方定是神仙宅，禹亦东来隐会稽。

——（宋）苏轼《宿建封寺晓登尽善亭望韶石三首》（其三）

水尽岩崖见，丹霞碧汉间。

——（明）伦以谅《锦石岩》

孤留一柱撑天地，俯视群山尽子孙。

——（明）李永茂《天柱山》

快来选择你最喜欢的一首诗，为它配一幅丹霞画作吧！

数字化美育实践基地

鹏鹏，我们一起动手做一个"丹霞荟萃展览馆"吧！

好啊！先想想，要搜集哪些资料？如何陈列？

丹霞荟萃展览馆

◆ 利用网络，广泛查找资料。

国家公园网：http://www.gjgy.com/danxiashan.html
中国社会科学网：http://www.cssn.cn/
中国国家地理网：http://www.dili360.com/travel/sight/20209
国家地理杂志官网：https://www.nationalgeographic.com/
世界地质官网：http://sjdz.jlu.edu.cn/index.html

◆ 制作网页，丰富展厅内容。
◆ 上传到数字化美育实践基地。

中国丹霞		
类别	南方丹霞	北方丹霞
分布地区	西南、东南	西北
典型代表	广东丹霞山、贵州赤水、福建泰宁、湖南崀山、江西龙虎山、浙江江郎山	甘肃张掖七彩丹霞、甘肃天水麦积山、陕西甘泉大峡谷
特点		
人文风貌		

后　记

　　在深圳市龙华区民治中学教育集团党委的引领下，这套"美育实践丛书"得以呈现，我们倍感自豪。本项目得益于广东省委宣传部原副部长顾作义先生和广西教育出版社原总编辑李人凡老师的悉心指导，凝聚了民治中学教育集团教师团队的智慧与汗水。项目始于 2021 年初，完成于 2024 年，旨在通过美育实践，培育学生的审美情感与创造力，实现以美育人、以美化人的目标。

　　在深圳市教育科学研究院的批准下，在深圳市龙华区教育局和教育科学研究院的指导和支持下，我们组建了以莫怀荣书记、校长为主持人的课题组，负责课程体系的构建与课程内容的开发研究。其中，莫校长负责全面统筹项目，张德芝校长和徐莉莉副校长负责人文美板块，戴蓉校长和辜珠元老师负责艺术美板块，何星校长和陈妍老师负责自然美板块，吴朝朋老师负责科技美板块，彭智勇校长和郭金保老师则负责手绘插画设计的统筹和推进工作。

　　在编写过程中，杨施老师担任丛书第五册组长，殷鑫、张清龙老师担任副组长，共同肩负课程内容研讨与书稿审读的重任，朱丹老师后期还兼任了一段时间的组长，负责该册书最后出版准备工作的对接。各课的编写分工如下：徐莉莉老师《古色之美》、许雪莹老师《百变沙粒》、侯宇轩老师《奇妙 App》、冯小梦老师《多彩灯光秀》、赵原老师《汉服风韵》、王秀红老师和汪晓兰老师《南方嘉木》、朱丹老师《"声"临其境》、李晴老师《和美丹霞》。王晓川老师则负责整册书的手绘插画，为手册增添了形象、生动的韵味。

"美育实践丛书"不仅是民治中学教育集团美育实践课题研究的丰硕成果，更是我们对美育深刻理解和创新实践的生动展现。我们期待这套丛书能够为学生提供丰富多彩的美育体验，激发他们的创造力和审美能力，引领他们在美的海洋中遨游，发现自我，启迪智慧，滋养身心。

　　在"美育实践丛书"即将与广大师生见面之际，我们满怀感激之情。回首将近3年的研究和编写工作，我们收获了太多的感动。感动于我们这个团队在美育课程体系建设和课程开发研究道路上的执着追求和不断探索；感动于和我们并肩前行、可亲可敬的两位专家对整个项目的策划和丛书撰写提供反复、深入的指导；感动于暨南大学出版社阳翼社长和周玉宏、武艳飞主任，以及编辑老师们在书稿编辑过程中给予的耐心、细致的帮助。因编写需要，丛书大部分图片由视觉中国授权使用，其他图片由潘洁玉、武艳飞、刘蓓等提供。书中个别未联系到的图片作者请与出版社联系，以便支付薄酬，在此一并表示感谢。

　　我们坚信，美育不仅能够提升学生的审美情感和创造力，更是培养学生全面发展的重要途径。未来，我们将一如既往、继续努力，为教育界的同行提供更多有价值的经验和启示，共同推动新时代美育事业的发展。我们也清醒地认识到，由于我们的研究水平和实践能力有限，本套丛书还存在不足之处，有待进一步完善。因此，我们真诚地希望全国各地的教育工作者和读者在实际应用这套丛书的过程中，能够及时向我们反馈使用体验，提供宝贵的意见和建议，以便我们不断改进和完善，更好地服务于新时代学校美育实践的需要。

深圳市龙华区民治中学教育集团

2024 年 8 月